AF542513

GRINGALET

FILS DE FAMILLE;

(*Suite des SALTIMBANQUES*),

COMÉDIE-PARADE EN TROIS ACTES, MÊLÉE DE COUPLETS,

PAR MM. DU MERSAN ET DUPEUTY,

Représentée, pour la première fois, à Paris, sur le théâtre des Variétés, le 17 février 1842.

DISTRIBUTION :

GRINGALET	M. HYACINTHE.
DUCANTAL	M. PROSPER GOTHI.
SOSTHÈNE, son fils	M. ADRIEN ROUGET.
Le baron DE SAINT-AMOUR	M. CAZOT.
M. MAIGRET, ancien maire de Meaux	M. KOPP.
HENRI, neveu du baron	M. CARRAT.
JULIEN, vieux domestique	M. DUMESNIL.
UN MARCHAND DE VIN	M. EMILE.
ZÉPHIRINE, femme de Sosthène	Mlle ESTHER.
ATALA	Mlle FLORE.
ROSAMONDE, fille du baron	Mlle LÉONTINE.
ROSALIE, sa femme de chambre	Mlle DIESNI.

Personnages accessoires.

UN COCHER	M. EMMANUEL.
UN GAMIN	M. GEORGES.
UN FACTIONNAIRE	M. ANDRÉ.
UN GARÇON MARCHAND DE VIN	M. CHARRIER.

Trois MUSICIENS des saltimbanques.
HOMMES ET FEMMES de la société de M. Maigret.
GENS DU PEUPLE.

ACTE I.

Le boulevart du Temple, près du château d'eau. Au second plan, à gauche du public, le corps-de-garde, avançant obliquement. Au premier plan à droite, la boutique du marchand de vin.

SCÈNE I.

(Au lever du rideau, LE FACTIONNAIRE se promène devant le corps-de-garde; LE COCHER est appuyé contre un arbre, au premier plan, du même côté; DEUX SOLDATS de la ligne regardent un escamoteur qui est au fond du théâtre, entouré de curieux; QUELQUES PASSANS et UNE BOUQUETIÈRE traversent le théâtre; LE MARCHAND DE VIN est sur sa porte, et LE GAMIN, en blouse, du même côté.

CHOEUR.

AIR : Cinq sous.

Un sou, deux sous,
quat' sous,
Ach'tez tous,
Soyez bonnes âmes,
Messieurs, Mesdames,
V'là les marchands
Ambulans.

SCÈNE II.

LES MEMES, SOSTHÈNE, avec une sellette de décrotteur; ZÉPHIRINE, portant une fontaine de marchande de coco, arrivent du fond, à droite du spectateur.

(Suite de l'air.)

SOSTHÈNE, arrivant.
Parisiens, fait's vous vernir,

En plein vent, sur le bitume.

(Il place sa sellette près du cocher.)

ZÉPHIRINE, entrant.

V'là l' coco, qu'est-ce qui consume?
Allons, v'nez vous rafraîchir;
Que n'importe qui s'enrhume,
La réglisse va renchérir...

(Parlé.) A la fraîche, qui veut boire?

SOSTHÈNE.

Cirez vos souliers, cirez vos bottes!

(Le cocher met son pied sur la sellette.)

LE GAMIN, criant.

Billets de la Gaîté, moins chers qu'au bureau.

REPRISE DU CHOEUR.

Un sou, deux sous, quat' sous, etc.
Ach'tez tous, etc.

LE FACTIONNAIRE, au cocher, que Sosthène cire.

Dites donc, cocher, quelle heure qu'il est?

LE COCHER.

Regardez au cadran de la baraque de l'insecteur... Est-ce que vous ne savez pas lire?

LE FACTIONNAIRE.

Je suis Auvergnat.

(Il continue sa faction.)

LE COCHER.

C'est une raison.

SOSTHÈNE.

Vous avez là de fameux souliers, cocher... C'est-il aux Piliers que vous les avez achetés?

LE COCHER.

Non; c'est des bottes du temps que j'était hussard.

SOSTHÈNE.

Ah! oui, je comprends... vous avez coupé les tiges pour vous faire des bouts de manches.

(Il achève de le cirer.)

LE COCHER.

Ça me va bien, comme vous voyez.

LE GAMIN, à Zéphirine.

Eh! mam' la Fontaine, du côté du citron, s'il vous plaît... et tâchez que ça mousse comme du vin de Champagne.

ZÉPHIRINE, le servant.

Voilà, jeune homme!

LE GAMIN.

Vous n'avez pas essuyé le gobelet.

ZÉPHIRINE.

Ils ont tous été rincés, à ce matin.

LE GAMIN.

Excusez... Avez-vous la monnaie d'un sou?

ZÉPHIRINE.

Je vous donnerai une autre tournée, dans l'entr'acte.

LE GAMIN.

Ça va... Vous me reconnaîtrez... Polyte, l'employé aux trognons de pommes... (S'en allant.) Billets pour la Gaîté... moins cher... Voilà, voilà, mon bourgeois...

(Il s'éloigne.)

LE COCHER, payant Sosthène.

Voilà mon cinque centimes.

(Il s'éloigne. Tout le monde disparaît peu à peu.)

SOSTHÈNE, à part.

Quel vilain métier! et peu lucratif!.. Moi, Sosthène Ducantal, qui ai eu des 15 francs dans ma poche... Faites donc des mariages d'inclination!

ZÉPHIRINE, à part.

Quelle scie d'abreuver des mômes au boulevart du Crime!.. et ça, pourquoi?.. pour avoir épousé cet imbécille de Sosthène!

SOSTHÈNE, à Zéphirine.

Ça va-t-il, les liquides?

ZÉPHIRINE.

Le coco est coulé depuis qu'on vend sur les boulevarts du punch et des glaces à deux yards.

SOSTHÈNE.

C'est comme moi, depuis qu'on lit les journaux chez mes confrères en boutiques.

ZÉPHIRINE.

Qué qu' t'as fait?

SOSTHÈNE.

Trois sous et un crédit.

ZÉPHIRINE.

Et moi, six blancs... Crédienne! c'est pas pour vous le reprocher, mon légitime, mais en épousant le fils d'un *capitalisse*, je ne m'attendais pas à devenir la rivale du château d'eau.

SOSTHÈNE.

Aussi, c'est la faute à papa... Pourquoi m'a-t-il maudit, au lieu de me rendre le bien de ma mère?

ZÉPHIRINE.

C'est vrai, au moins nous l'aurions croqué... Quant à l'auteur de mes jours, l'illustre Bilboquet...

SOSTHÈNE.

Il t'a plantée là pour se retirer dans ses terres, à Courbevoie.

ZÉPHIRINE.

Que veux-tu? Il dit qu'il est philosophe.

SOSTHÈNE.

De sorte que notre société de saltimbanques...

ZÉPHIRINE.

Notre société de saltimbanques s'est disloquée... et chacun vague de son côté dans des états peu brillans... Atala est je ne sais où, Gringalet fait je ne sais quoi. Et nous sortirons de la pane je ne sais quand.

SOSTHÈNE, tendrement.

Heureusement, nous avons notre amour.

ZÉPHIRINE.

Malheureusement, nous n'avons que ça.

SOSTHÈNE, soupirant.

C'est peu de chose, pour vivre!.. Zéphirine, si nous nous périssions tous les deux?

(Il va s'asseoir sur sa sellette, au premier plan à gauche.)

ZÉPHIRINE.

C'te bêtise!

SOSTHÈNE.

Le fait est que nous sommes trop jeunes et trop beaux, pour mourir.

ATALA, en dehors, derrière Sosthène, et criant.

Mouron! mouron!

SOSTHÈNE.

Tiens! en voilà aussi une qui dit: *Mourons*... Est-ce qu'elle se moque de moi?

ATALA, en dehors, criant.

Mouron! mouron pour les petits oiseaux!..

ZÉPHIRINE.

Voilà une voix que j'ai vue quelque part.

SOSTHÈNE.

Ce timbre fêlé ne m'est pas inconnu.

SCÈNE III.

SOSTHÈNE, ATALA, entrant par le premier plan à gauche. Elle a devant elle un éventaire avec du mouron, et sur le dos une hotte avec des branches de laurier; ZÉPHIRINE.

ATALA, criant.

Du thym, du laurier, d' l'ail!

(Elle heurte fortement Sosthène.)

SOSTHÈNE.

Aïe! aïe!.. vous m'avez carambolé, avec vot' hotte!

ATALA.

Qué qu' tu réclames, moderne?

ZÉPHIRINE, la regardant.

Mais, je ne me trompe pas... Ce physique agréable...

ATALA, montrant Zéphirine.

Cette taille de frelon!.. (Montrant Sosthène.) Ce masque d'homme!

ZÉPHIRINE.

C'est Atala!

ATALA.

C'est Zéphirine!

SOSTHÈNE.

C'est nous trois!

(Ils veulent embrasser Atala, qui est au milieu d'eux, Sosthène se heurte à la hotte, et Zéphirine à l'éventaire.)

ATALA, les examinant.

Ah! mes pauvres enfans, quelle panade!..

ZÉPHIRINE.

Vous ne me faites pas non plus l'effet d'avoir épousé un pair de France.

ATALA.

Je le dirais, que je mentirais... Je suis réduite à peu, à moins que peu...

SOSTHÈNE, lui prenant la main.

Juste ce que nous pouvons vous offrir.

ZÉPHIRINE, même jeu.

Mais c'est de bon cœur, par exemple.

ATALA.

C'est peu réjouissant! Et dire que nous nous plaignions du temps de Bilboquet... du grand Bilboquet... Découvrez-vous, Sosthène. (Sosthène ôte son chapeau, les deux femmes saluent militairement.) Mais c'était l'âge d'or... Quand j'avais fini de manger des cailloux, si j'avais faim, il y avait souvent du fromage d'Italie... *Au lieur qu'aujord'hui*, j'en mange bien, du fromage, mais ça n'est pas même de Brie! Pourtant, je n'ai rien à me reprocher... J'ai essayé de tout, depuis notre séparation; mais je me serais noyée dans une coquille d'huître!.. Le Destin est un grand drôle!

AIR : Les gueux, les gueux.

Ah! coquin d' sort!
C'est aussi trop fort:
Me poursuivre à mort,
T'es dans ton tort.

Mes ressourc's étant petites,
D'abord, j' voulus, en plein vent,
Vendre des pommes de terr' frites...
Il fallait un cautionnement!..

Ah! coquin d' sort!
C'est aussi trop fort:
Me poursuivre à mort,
T'es dans ton tort.

Alors, j' débute au théâtre,
Mais voilà que les Titis,
Me jettent de l'amphithéâtre...

ZÉPHIRINE et SOSTHÈNE.

Des fleurs?..

ATALA.

Non, des fruits
Pas cuits...

Ah! coquin d' sort!
C'est aussi trop fort:
Me poursuivre à mort,
T'es dans ton tort.

L' dix du mois... c'est ça d' la chance,
J' devais entrer chez un veuf,
Quand ce veuf eut l'indécence
De s' laisser mourir le neuf!

Savoyard de sort!
C'est aussi trop fort:
Me poursuivre à mort,
T'es dans ton tort!

De sorte que me voilà débitante de ce que vous voyez.

Aux petits des moigneaux, je donne la pâture.

SOSTHÈNE.

Que faire? que faire? que faire?..

ZÉPHIRINE.

Encore, si nous avions avec nous not' exe camarade Gringalet, lui qui connaissait la haute comédie.

ATALA.

Ne comptez pas sur ce jeune ambitieux... Le drôle avait du toupet... Je suis sûre qu'après la retraite de Bilboquet... de l'illustre Bilboquet... (Sosthène ôte son chapeau.) Gringalet, son élève, aura passé aux îles, et qu'à l'heure qu'il est, il vole...

SOSTHÈNE.

Ça pourrait bien être....

ATALA.

Vers la fortune... à la Guadeloupe.

GRINGALET, en dehors, criant.

Venez, accourez, les amateurs et les connaisseurs!..

ATALA.

Dieu! qu'ouï-je!.. La voix de Gringalet!

ZÉPHIRINE.

Ça m'a saisie!

SOSTHÈNE.

Ça m'a frappé!

ATALA.

C'est sa vilaine organe! (Avec noblesse.) Voyons-le venir.

(Elle se retire un peu à l'écart, avec Zéphirine et Sosthène, du côté du corps-de-garde.)

SCÈNE IV.

SOSTHÈNE, ZÉPHIRINE, GRINGALET, ATALA, LE FACTIONNAIRE, paraissant de temps en temps.

(Gringalet est vêtu d'une manière plus que modeste; habit-veste sous lequel il a gardé son gilet de hussard; il a une casquette et porte une boîte en carton remplie de plus petites boîtes bleues.)

GRINGALET, arrivant du fond à droite, et criant.

Allumettes chimiques frrrançaises! un sou la boîte, trois paquets pour deux sous!.. (Avec humeur.) Allumettes chimiques frrrançaises!.. On les donnerait pour rien, qu'ils diraient encore: « C'est trop cher. »

ATALA, bas.

Il paraît également peu fortuné.

GRINGALET, sans les voir.

Je n'ai pas étrenné, quoi! Malgré l'ingénieuse idée que j'avais eu de crier le mot: Allumettes chimiques frrrançaises, pour flatter mes concitoyens. (D'un air accablé.) Ah! c'est fini, il n'y a plus d'esprit national dans la capitale!

SOSTHÈNE, bas.

Il parle politique, le malheureux!

ZÉPHIRINE.

Il est bien bas!

GRINGALET.

Air du Maçon.

Sol natal, ingrate patrie,
Toi que j'avais la bêtis' d'adorer,
Je te maudis, je te renie...

(Il jette avec colère ses boîtes d'allumettes.)

Et je renonce à t'éclairer.
Tes bras, à ton enfant débile,
Tu les fermes; mais, sois tranquille,
La rivière, au moins, m' les tendra...

ATALA, SOSTHÈNE et ZÉPHIRINE, derrière lui.

Imbécille, imbécille,
Les amis sont toujours là...

GRINGALET, surpris et écoutant.

Imbécille, imbécille!
J'ai donc des amis par là?

ATALA, SOSTHÈNE et ZÉPHIRINE, se montrant.

Les amis sont toujours là.

GRINGALET, pressant les deux femmes sur son cœur.

Êtres chéris, je vous croyais péris sur mer!

ATALA.

Ah! des *pleursses* inondent ma paupière.

GRINGALET, passant son doigt sur son œil, et voyant qu'il est sec.

Moi non plus.

SOSTHÈNE, touchant les habits de Gringalet.

Je vois sans plaisir que le dégommage est mutuel.

ZÉPHIRINE.

Oui, mais, par bonheur, il a de l'esprit, lui.

(Elle va pour embrasser Gringalet, Sosthène l'en empêche.)

ATALA, piquée.

Croyez-vous que je *soye* inepte?

GRINGALET.

Femme sauvage, vous avez fait vos preuves.

ATALA.

Ça me flatte, j'avoue que ça me flatte.

SOSTHÈNE.

Puisque l'hasard nous réunit, c'est déjà bon signe.

ZÉPHIRINE.

Il faut saisir l'occasion au chignon!

ATALA.

J'allais citer cet adâge... Crois-tu à l'hasard, Gringalet?

GRINGALET.

Si j'y crois, à l'hasard... jusque dans mes vêtemens, qui en sont... Voyez plutôt!

ATALA.

Eh bien! une idée... Notre désunion nous a panés.

GRINGALET.

Très panés, même...

ATALA.

Si... écoutez bien ceci: j'ai encore chez moi, dans un coin de mes appartemens, les ustensiles de notre ancien métier... Si nous nous remettiames saltimbanques.

GRINGALET.

J'y pensais... Si nous formiames une petite société en commandite.

ATALA

Reparaissons sur la place, veuve de nos exercices, comme amis et successeurs de Bilboquet, du grand Bilboquet!.. (Tous saluent.) Ça y est-il?..

TOUS.

Ça y est!.. ça y est!

ATALA.

Ah! une autre idée!.. As-tu faim, Zéphirine?

ZÉPHIRINE.

Souvent.

SOSTHÈNE

Très souvent!

GRINGALET.

Toujours!

ATALA.

Pour lors, si...

SOSTHÈNE.

Encore un autre si?

ATALA.

Si nous commenciames par dîner!

TOUS.

Oui, dînons, dînons!

SOSTHÈNE.

Le vin, ça donne des inspirations.

ATALA.

Et le fricot aussi!

GRINGALET.

Oui; mais, de la monnaie...

ATALA.

Mettez à la masse.

GRINGALET.

C'est ça, un pique-nique; c'est moi le caissier.

SOSTHÈNE.

V'là ma recette.

(Il lui donne sa recette.)

GRINGALET.

Trois sous!..

ZÉPHIRINE.

V'là mes six blancs.

ATALA.

Et moi, ma décime.

GRINGALET.

Total: sept sous et demi!

ATALA.

Eh bien! et toi?

GRINGALET.

Moi, j'ai fort peu de chose.

ATALA.

Combien que t'as?

GRINGALET.

Rien du tout.

ZÉPHIRINE.

Total: sept sous et demi!

ATALA.

Alors, achetons de la galette et buvons du coco!

GRINGALET.

Du tout... vous dînerez... à discrétion, c'est moi qui invite!

TOUS.

Ah bah!

SOSTHÈNE.

Tu nous invites!.. où ça?..

GRINGALET.

Là... chez le marchand de vin du coin... Nous serons très bien reçus... je n'y suis pas connu.

ZÉPHIRINE.

Mais payer?

GRINGALET.

Je me charge de ces détails futiles.

ATALA, gravement.

Gringalet... j'espère que la délicatesse...

GRINGALET.

La plus grande délicatesse... Crépinettes! Un quart d'oie et des pieds de mouton à la poulette pour vous deux, mes petites poules.

ATALA.

A la bonne heure, ça rassure ma conscience.

GRINGALET.

Motus... le factionnaire nous observe... (Montrant Ducantal qui est au bord de la coulisse, au premier plan à gauche, et qui les regarde.) Sans compter des lunettes bleues, là-bas, qui nous reluquent.

(Ils se retirent près de la boutique du marchand de vin.)

SOSTHÈNE.

C'est drôle... on dirait papa... Oh! non, ça ne peut pas être lui: il est trop avare pour acheter des bésicles bleues.

GRINGALET.

Allons, vite, à table... Seulement, Messieurs et dames... souvenez-vous qu'il est interdit d'emporter la nappe et les serviettes.

ENSEMBLE, avec précaution.

Air: Dans la prairie.

Pas de bêtise,
Pas de sottise,
Qu'on se conduise
En gens bien maniérés.
Dans la débine,
Chacun devine,
Comment on dîne
A des prix modérés.

(Ils entrent chez le marchand de vin.)

SCÈNE V.

DUCANTAL, les suivant des yeux. Il a un paletot, une perruque blonde très bouclée et des lunettes bleues.

C'est bien lui, je l'ai parfaitement reconnu... Je suis fâché qu'il soit en société, d'autant plus qu'au nombre de ces vilaines gens j'ai cru voir un physique analogue à celui de mon Sosthène, ce fils dénaturé qui voudrait le bien de sa mère. Ça me gênerait d'autant plus que j'ai eu l'enfantillage de risquer mes capitaux dans les embellissemens de la capitale... Je les ai prêtés à un fabricant de trottoirs, qui après m'avoir fait trotter pour les ravoir, s'est réfugié à Clichy pour cause de bitume! Heureusement, pour me tirer d'affaire, je m'en suis fait homme, et sous le nom de Duflouage, j'ai eu le bonheur de rencontrer une momie non encore embaumée, dont la bêtise est de beaucoup supérieure à sa richesse, qui est ridicule... Cette curiosité humaine, que recèle un vieil hôtel de la rue du Pas-de-la-Mule, a en moi une confiance impardonnable, et il m'a promis des honoraires mirifiques, si je réussis dans la plus stupide des recherches!.. Eh bien! je le contenterai, ce brave homme, je le contenterai, foi de Duflouage!.. Voyons donc si ces gens de cabaret ont bientôt fini leur écot.

(Il regarde à travers les barreaux.)

SCÈNE VI.

LE MARCHAND DE VIN, DUCANTAL.

LE MARCHAND DE VIN, sortant de la boutique et regardant Ducantal.

Eh bien! il est sans gêne, cette vieille tête-là!..

DUCANTAL, regardant toujours aux barreaux.

Je ne vois rien... Les marchands de vin, aujourd'hui, mettent des rideaux à leurs carreaux, comme les marchandes de modes.

LE MARCHAND DE VIN, lui frappant sur l'épaule.

Dites donc, eh! vous!.. Pourquoi donc que vous collez votre nez contre mes barreaux?

DUCANTAL, se frottant sur l'épaule.

Ce n'est pas mon nez, c'est mon œil.

LE MARCHAND DE VIN.

Votre œil... c'est louche!

DUCANTAL.

Ah! marchand de vin... je ne suis pas de cette caste impie!.. Je voulais seulement savoir si le jeune homme qui vient d'entrer là...

LE MARCHAND DE VIN.

Lequel?

DUCANTAL.

Le plus laid.

LE MARCHAND DE VIN.

Ils le sont tous les deux...

DUCANTAL.

Alors, le plus grand... Si, dis-je, ce jeune citoyen sortira bientôt, avec ou sans ses camarades.

LE MARCHAND DE VIN.

Tout ce que je sais, c'est qu'ils ne sortiront pas sans payer, toujours; mon garçon est là, un malin!

DUCANTAL.

Oui, oui...

SCÈNE VII.

LES MÊMES, et, successivement, LE GARÇON, ZÉPHIRINE, ATALA et GRINGALET.

LE GARÇON, sortant de la boutique, à part.

Ils m'envoient chercher du tabac... il paraît qu'ils veulent fumer.

(Il disparaît en courant.)

DUCANTAL, au marchand de vin, qui a le dos tourné à sa boutique.

Vous faites bien de prendre toutes vos précautions.

(Il lui offre du tabac.)

LE MARCHAND DE VIN.

Sans cela, on perdrait tous les jours, chez les marchands de vin.

ZÉPHIRINE, sortant de la boutique sans être vue.

Marchand de vin, toi?.. épicier, pas aut' chose... Pas de Zéphyr!

(Elle disparaît par le fond.)

DUCANTAL.

On serait exposé à une foule de poufs.

SOSTHÈNE, même jeu que Zéphirine.

Donnons-nous de l'air!

(Il disparaît.)

LE MARCHAND DE VIN.

Mais je flaire ça d'une lieue, voyez-vous?

ATALA, sortant à son tour de la boutique.

Vagon garni, trajet direct.

(Elle disparaît, le bras droit en l'air, comme les indicateurs du chemin de fer.)

LE MARCHAND DE VIN.

Mais, je m'amuse là à jaser... on a peut-être besoin de moi, là-dedans...

(Il va vers la boutique.)

SCÈNE VIII.

LES MÊMES, GRINGALET.

GRINGALET, sur la porte et se disposant à fuir.

Et de quatre... (Au moment où il va partir, le marchand de vin, qui s'est retourné, se trouve nez-à-nez avec lui.) Oh!

LE MARCHAND DE VIN.

Comment, et de quatre?

GRINGALET.

Oui, je disais : Et de quatre bouteilles que nous avons sirotées...

(Le marchand de vin lui barre le passage.)

DUCANTAL, à part.

Je crains toujours de me trouver en face de ce fils que je ne voudrais pas avoir... Ayons l'air de regarder les images.

(Il s'éloigne et disparaît.)

LE MARCHAND DE VIN, à Gringalet.

Et vous étiez sorti pour prendre l'air?

GRINGALET.

Mon Dieu, oui, là, sur la porte.

LE MARCHAND DE VIN.

Nous disons : quatre bouteilles à quinze, trois francs.

GRINGALET.

Trois francs, c'est juste... (A part.) Avec ça, je suis bloqué, moi...

LE MARCHAND DE VIN, comptant sur ses doigts.

Pain, salade, pieds à la poulette, quart d'oie... Ça nous fait sept francs cinquante.

GRINGALET.

Oui, ça doit faire ça... (A part.) Sosthène ne vient pas... (Haut, tirant une espèce de bourse.) Avez-vous la monnaie d'un napoléon, mon cher?

LE MARCHAND DE VIN.

Oui, en gros sous.

GRINGALET.

Du cuivre!.. Ah! fi donc... ça salit les gants. (A part, voyant Sosthène.) Le voilà!

SCÈNE IX.

LE MARCHAND DE VIN, GRINGALET, SOSTHÈNE.

SOSTHÈNE, arrivant en chantant du premier plan à gauche; il heurte les deux autres, passe au milieu d'eux, et se trouve à la droite de Gringalet.

Je n'épous'rai pas la meunière
Du moulin que je vois là-bas...

GRINGALET, feignant de se fâcher.

Dis donc, eh! galopin, prends donc garde à tes quilles.

SOSTHÈNE, goguenardant.

Ah! je vous ai peut-être marché sur vos cors.

GRINGALET.

Passe donc ton chemin... Est-ce que je te connais?..

SOSTHÈNE.

C'est égal, vous avez une bonne balle... Voulez-vous m'allumer ma *cigale*?

GRINGALET, avec importance.

Va donc!.. va donc!.. je suis en compte avec Monsieur.

SOSTHÈNE.

Je veux qu'on m'allume ma *cigale*...

GRINGALET.

Prends garde que je t'allume autre chose.

SOSTHÈNE.

Ah! c'est comme ça... Eh bien! tiens, v'là ton attaque!

(Il lui allonge un coup de poing et se sauve à toutes jambes.)

GRINGALET, feignant la colère.

Petit gredin!.. (Au marchand de vin.) Tenez-moi ma bourse que je courre après lui. (Il la lui donne.) Oui, file, file! va!.. (Il disparaît aussi. Quelques personnes qui ont paru vers la fin de la scène dans le fond du théâtre disent en riant.) Il l'attrapera!.. Il ne l'attrapera pas!..

LE MARCHAND DE VIN, qui a ouvert la bourse.

C'est moi qui suis attrapé! Sept sous et demi!.. Je suis fait au même. (Courant au fond.) Arrêtez! arrêtez! Ah! on le ramène!

SCÈNE X.

LES MÊMES, GRINGALET, ramené par le garçon marchand de vin et deux soldats; il est entouré par plusieurs personnes. DUCANTAL, au fond.

CHŒUR.

Air de la Suisse à Trianon.

Allons, au corps-de-garde,
Amis, conduisons ce floueur.
Honnêtes gens, ça nous regarde.
Faut faire payer l' consommateur.

GRINGALET.

Parbleu, vous m'avez attrapé, la belle malice!.. Je me suis trompé, au lieu d'une rue, j'ai pris un cul-de-sac, improprement appelé impasse.

LE MARCHAND DE VIN.

Qu'on le dépose au corps-de-garde. Il me doit sept francs cinquante.

GRINGALET.

Voilà-t-il pas de quoi crier... On vous fera un billet... et quand il sera usé, on vous en fera un autre.

LE MARCHAND DE VIN.

Je n'écoute rien... Qu'on l'emmène.

DUCANTAL, s'avançant entre Gringalet et le marchand de vin.

Et pourquoi cela, s'il vous plaît?.. Ne voyez-vous pas que ce jeune homme plaisantait?

GRINGALET.

Certainement, je plaisante encore. (A part.) Quel est ce vieux bouclé?

DUCANTAL.

Et la preuve, c'est que je me fais un vrai plaisir de payer pour lui.

(Il donne de l'argent au marchand de vin.)

GRINGALET.

Et moi, un vrai plaisir d'accepter. (A part.) Il se trompe, bien sûr.

DUCANTAL.

Ainsi, Messieurs, je crois que vous pouvez vous retirer.

GRINGALET, avec importance.

Retirez-vous, Messieurs, retirez-vous.

(Le marchand de vin, son garçon, les soldats et les bourgeois se retirent chacun de son côté.

GRINGALET, serrant la main d'un soldat.

Vive la ligne!

SCÈNE XI.

GRINGALET, DUCANTAL.

GRINGALET.

Faut-il aussi que je me retire?

DUCANTAL, le ramenant.

Je désire, au contraire, avoir avec vous un moment d'entretien.

GRINGALET.

Avec moi... même?

DUCANTAL.

Avec vous-même.

GRINGALET, à part.

L'erreur va se découvrir, bien sûr.

DUCANTAL, ôtant ses lunettes bleues.

N'ayez pas peur, jeune homme: nous sommes de vieilles connaissances.

GRINGALET, le reconnaissant.

Le père Ducantal! Est-ce que vous avez encore perdu une malle?

DUCANTAL.

Il ne s'agit pas de malle... Je ne suis plus Ducantal; j'ai varié mon nom; je m'intitule à présent: Duflouage.

GRINGALET.

Ah! je vois ce que c'est: vous voulez avoir, incognito, des nouvelles de votre fils. Je sais où il est.

DUCANTAL.

Qu'il s'y tienne. Je ne veux pas le revoir, et c'est à la condition que vous ne lui parlerez pas de moi, que je viens vous offrir ce qu'on n'a jamais offert à un individu de votre espèce.

GRINGALET.

Vous avez peut-être besoin d'une portière ou d'un domestique? J'aimerais mieux ça que de vendre des allumettes... car c'est un état où l'on souffre beaucoup.

DUCANTAL.

Vous n'y êtes pas, mon cher Gringalet.

GRINGALET.

C'est bien mon nom!

DUCANTAL, mystérieusement.

Ecoutez-moi. Qu'est-ce que vous diriez, si je vous disais une chose?

GRINGALET.

Ça dépendrait de la chose.

DUCANTAL.

Aimeriez-vous à être bien vêtu, vous ?

GRINGALET.

Oui.

DUCANTAL.

Bien nourri ?

GRINGALET.

Oui.

DUCANTAL.

Chauffé ?

GRINGALET.

Oui.

DUCANTAL.

Eclairé ?

GRINGALET.

Oui... et blanchi. Le blanchissage est trés cher.

DUCANTAL.

Aimeriez-vous un hôtel ?

GRINGALET.

Oui.

DUCANTAL.

Un cabriolet ?

GRINGALET.

Encore.

DUCANTAL.

Une jolie femme ?

GRINGALEL, riant.

Non, j'aimerais mieux deux jolies femmes.

DUCANTAL.

Eh bien ! je vous promets tout cela, et mieux encore, si vous vous laissez comduire.

GRINGALET.

Feu Ducantal, vous vous f... fichez de moi.

DUCANTAL.

Je vous prouverai le contraire.

GRINGALET.

Je veux bien... Quand ça ?

DUCANTAL.

Dans une heure.

GRINGALET.

Ah ! je compterai les minutes. Prêtez-moi votre montre.

DUCANTAL.

C'est inutile.

GRINGALET.

Il faudra vous attendre ?.. Là où ?

DUCANTAL.

Sur cette place... Je viendrai vous y prendre... et quand vous serez arrivé où je dois vous mener...

GRINGALET.

Eh bien ?..

DUCANTAL.

Vous serez très surpris.

GRINGALET.

Je le crois.

DUCANTAL.

Est-ce dit ?

GRINGALET.

Topez là... J'accepterai même des arrhes, si vous y tenez.

DUCANTAL.

Souvenez-vous de la condition : Ne dites pas à mon fils que vous m'avez vu.

GRINGALET.

Il est dans une débine atroce.

DUCANTAL.

C'est pour ça.

GRINGALET.

Vous êtes bon père !

DUCANTAL.

Je n'ai pas cet amour-propre... Adieu.

GRINGALET.

Non, au revoir... Faudra-t-il faire mon paquet ?

DUCANTAL.

Non.

GRINGALEL.

Tant mieux, alors... Je n'aurais pas pu...

ENSEMBLE.

Air de Fra Diavolo.

DUCANTAL.

C'est un mystère
Qui vous attend.
Sachez vous taire,
C'est important.

GRINGALET.

C'est un mystère !
Qui nous attend !
Je saurai m' taire,
C'est important,

(Ducantal sort par le fond.)

SCÈNE XII.

GRINGALET, seul.

En voilà une drôle, d'historiette !.. Dois-je me fier à cet homme, qui paie mes dettes, qui m'offre une fortune ? Serait-ce un piége, une ratière ? Que veut-il faire de moi, me conduire dans une caverne de voleurs ? Ça m'est égal. (Frappant sur son gousset.) Il serait volé ! Cet agent provocateur est peut-être un politique étranger, qui veut m'emmener pour me faire sultan dans des contrées lointaines... ou pour faire de la fausse monnaie... ou pour peupler une colonie naissante de sujets de mon acabit... Eh bien ! ça ne serait pas déjà si désagréable... J'ai l'air de faire la petite bouche, moi... Eh ! eh ! gueusard... sais-tu que tu serais un marchand d'allumettes chimiques fort peu à plaindre ?

(Il réfléchit en souriant.)

SCÈNE XIII.

SOSTHÈNE, ZÉPHIRINE, GRINGALET, ATALA.

SOSTHÈNE, arrivant du fond à gauche.

Eh bien ! qu'est-ce que tu fais donc là ? Si le marchand de chasselas sortait ?

GRINGALET.

Arrivez !.. arrivez !.. Il est soldé.

(Atala et Zéphirine paraissent.)

ATALA.

Ah ! qui le solda ?

GRINGALET.

Il m'est interdit de prononcer son nom.

ATALA.

C'te farce !

GRINGALET.

Possible que ce *soye* une farce; mais, voyons un peu, ô mes amis. Qu'est-ce que vous diriez si je vous disais une chose ?

ATALA.

Ça dépendrait de la chose.

GRINGALET.

Juste ce que j'ai répondu.

ZÉPHIRINE.

Éclaircis-toi.

GRINGALET.

Aimeriez-vous à être bien vêtus, bien nourris, chauffés, éclairés, blanchis ?

TOUS.

Oui.

GRINGALET.

Encore ce que j'ai répondu.

SOSTHÈNE.

Après ?

GRINGALET.

Aimeriez-vous un hôtel, un cabriolet ?

LES DEUX FEMMES.

Oui.

GRINGALET.

Une jolie femme ?

SOSTHÈNE.

Oui !

ZÉPHIRINE.

J'aimerais mieux un joli homme.

GRINGALET.

Vous êtes tous parfaitement de mon goût.

ATALA.

Est-ce que t'as un coup de marteau ?

ZÉPHIRINE.

Est-ce que tu es fou ?

GRINGALET.

Je ne désespère pas de le devenir. En attendant cette catastrophe, apprenez que l'homme mystérieux qui ne veut pas être connu, vient de m'offrir tout ce que je vous ai dit.

ATALA.

C'est une gausse !

GRINGALET, sans l'écouter.

Après avoir fait les suppositions les plus ridicules, je m'arrête à celle-ci, qui ne l'est pas moins: quelque duchesse, passant dans sa calèche, m'aura vu, sera devenue amoureuse de moi, et se propose de me faire enlever...

ATALA, riant.

Dans un ballon ?

GRINGALET.

C'est possible... Et, ma foi, dans ma position percée, je suis décidé à me laisser faire. Je me fais enlever.

ATALA.

Eh bien ! et notre société ? Tu nous abandonnes donc, comme ce gredin de Bilboquet ?..

GRINGALET.

Atala... vous me froissez... Apprenez que j'ai des entrailles... Or donc, si l'on me mène dans un vilain endroit, vous tâcherez de savoir où, et vous me sauverez. Si je marche à la fortune, vous viendrez me trouver, et je partagerai avec vous les lambris dorés de cette femme aveugle.

ZÉPHIRINE.

Gringalet, voilà un trait. Je t'ai toujours estimé.

(Elle veut l'embrasser. Sosthène la retient. Dans ce moment, une belle voiture un peu gothique paraît au fond du théâtre; elle recule, sortant de derrière le corps-de-garde.)

GRINGALET.

On vient! je crois qu'on vient!

ATALA.

Quoi faire ?

GRINGALET.

Eh bien ! me chercher.

SCÈNE XIV.

LES MÊMES, DUCANTAL, LE MARCHAND DE VIN, LE COCHER, LE FACTIONNAIRE, LE GARÇON, TOUT LE CHOEUR de la première scène.

(Le gamin ouvre la portière.)

DUCANTAL, au fond.

Monsieur... (Descendant de la voiture.) la voiture est là.

ZÉPHIRINE.

Une voiture bourgeoise !

ATALA.

Avec des armoiriques !

GRINGALET.

O destin ! que me destines-tu !

FINAL.

Air des Diamans de la couronne.

SOSTHÈNE, ATALA, ZÉPHIRINE, GRINGALET.

Quelle aventure cocasse !
De la police est-ce une erreur !
Un homme qu'on prend sur la place
Pour l'emmener comme un seigneur.

GRINGALET, leur serrant la main.

Surtout n'oubliez pas de me suivre !

(Sur un nouveau signe de Ducantal, il va à la voiture.)

ZÉPHIRINE.

Mais comment ?

ATALA.

Un tour du métier !

(Elle monte derrière la voiture.)

SOSTHÈNE, la montrant.

A la voltige, elle se livre
Sans efforts et sans balancier.

REPRISE GÉNÉRALE.

Quelle aventure cocasse!
De la police est-ce une erreur?
Un homme qu'on prend sur la place
Pour l'emmener comme un seigneur.

(Gringalet et Ducantal sont dans la voiture. Le factionnaire s'est arrêté ; le cocher, le gamin, la bouquetière et le reste du chœur regardent la voiture s'éloigner. Le marchand de vin, son garçon sont sur la porte de la boutique; Zéphirine et Sosthène sont restés tout ébahis.)

(La toile tombe.)

FIN DU PREMIER ACTE.

ACTE II.

Une chambre à coucher octogone, meublée avec luxe; au fond, une alcove dont les rideaux sont fermés. Au second plan, une porte à droite et une à gauche. Au premier plan à gauche, une cheminée. Vis-à-vis, au premier plan à droite, une croisée avec des rideaux élégans, en soie. Entre la croisée et la porte de droite, une psyché; du même côté, un peu en avant, une causeuse. Sur le panneau, entre la cheminée et la porte de gauche, un trophée d'armes. Du côté de la cheminée, sur le devant du théâtre, un fauteuil, et une table couverte d'un tapis à fleurs. Sur un fauteuil, au fond, un manteau écossais.

SCENE I.

GRINGALET, couché, les rideaux sont fermés; DUCANTAL, entrant à pas de loup, suivi de JULIEN, par la porte à gauche.

DUCANTAL.

Monsieur le chevalier dort du sommeil de l'innocence; c'est le bain russe qui produit cet effet-là...

JULIEN.

Conçoit-on M. le baron de Saint-Amour? Mettre à la porte M. Henri, son neveu, et choisir qui? une espèce de gamin fort mal mis, qui se trouve être précisément son fils! C'est bien invraisemblable.

DUCANTAL.

Ça n'est pas plus invraisemblable que le puits de Grenelle, le pavage en bois et la reine de Chypre.

JULIEN.

Moi, le plus ancien domestique de la maison, j'avais toujours cru que M. le baron était célibataire.

DUCANTAL.

L'homme le plus vieux peut avoir été jeune, n'en demandez pas d'avantage... Je vous attache à la personne du chevalier Oscar de Saint-Amour... Allez...

JULIEN.

J'obéis. (Il va pour sortir et s'arrête. Gringalet ronfle d'une manière comique.) Il ronfle bien fort.

DUCANTAL.

Il en a le droit, comme fils de famille...

JULIEN.

C'est juste.

(Il sort à gauche.)

SCÈNE II.

DUCANTAL, GRINGALET.

DUCANTAL.

Ah ça! est-ce qu'il ne se réveillera pas, cet animal-là?.. Il faut pourtant que je lui parle avant la vieille ganache... (Gringalet, sans être vu, bâille et s'étend derrière les rideaux.) Ah! Dieu merci! il a fini son somme...

GRINGALET, derrière les rideaux.

Où est mes effets?.. je réclame mes effets... L'Etuvé, rends-moi mes effets...

DUCANTAL.

Il se croit encore dans son garni mal nommé.

GRINGALET, de même.

Tiens, en v'là d'autres, et un peu chouettes, encore!.. C'est fort galant, ma foi... fort galant, fort galant.

DUCANTAL.

Le voilà tout-à-fait réveillé.

GRINGALET, de même.

C'est que ça me va comme un gant, tous ces objets.

DUCANTAL.

Tenons-nous à l'écart pour jouir de sa surprise.

(Il se retire au fond.)

GRINGALET, ouvrant les rideaux, et sautant à bas du lit, vêtu d'une robe de chambre élégante, d'un pantalon à pieds, coiffé d'un bonnet turc, et chaussé de riches pantoufles.

Ça me va très bien... ça ne me gêne pas du tout... Je suis beau comme le jour!.. (Il se trouve près de la psyché.) Tiens, voilà un autre individu... (Saluant.) Monsieur!.. certainement... Pourriez-vous me dire... Que je suis bête!.. c'est moi... Je ne me reconnaissais pas...

DUCANTAL, s'avançant avec respect.

Monsieur...

GRINGALET.

Ah! vous voilà, feu Ducantal... J'espère que vous allez enfin m'apprendre...

DUCANTAL.

Tout!.. M. le Chevalier...

GRINGALET, regardant derrière lui.

Chevalier!.. Quel chevalier?..

DUCANTAL.

Vous-même, M. Oscar.

GRINGALET.

Ah! j'ai nom Oscar?

DUCANTAL.

Oscar, né de Saint-Amour, fils de M. de Saint-Amour, baron *idem*.

GRINGALET.

Je suis né de Saint-Amour! Chevalier *idem*!.. Faites-moi d'abord le plaisir de me dire où je puis être?..

DUCANTAL.

Chez vous, noble rejeton!..

GRINGALET.

Chez moi!.. (Regardant autour de lui.) Je ne suis pas trop mal logé... Mais, ça n'est pas tout... Vous m'avez dit que vous me diriez une chose... Il faut que vous me disiez une chose...

DUCANTAL.

M'autorisez-vous à vous faire un récit fabuleux?

GRINGALET.

Je vous y autorise. Qu'allez-vous me narrer?..

DUCANTAL.

En 1816...

GRINGALET.

Il y a vingt-six ans.

DUCANTAL.

Juste... M. le baron de Saint-Amour eut le malheur de séduire une danseuse de l'Opéra.

GRINGALET.

Bah!.. On les séduisait donc, de ce temps-là?..

DUCANTAL.

Il paraît!.. Quoique danseuse, cette femme jeune était d'une excellente famille... Son père était jardinier... il élevait des melons.

GRINGALET.

Je les aime beaucoup.

DUCANTAL.

Après ses couches...

GRINGALET.

De melons?..

DUCANTAL.

Le baron de Saint-Amour la planta là...

GRINGALET.

Ah! ça n'est pas joli... c'est même fort laid!

DUCANTAL.

Si vous aimez mieux, il l'oublia... pendant vingt-six ans.

GRINGALET.

Cet homme était doué de peu de mémoire...

DUCANTAL.

C'est ce qui vous trompe... car il y a huit jours, par un caprice d'homme caduc, il m'ordonna, sous peine de dix mille francs de récompense, de retrouver ce fils chéri auquel il ne pensait plus depuis long-temps.

GRINGALET.

Et vous l'avez découvert?

DUCANTAL.

Je l'ai découvert... Et si vous voulez savoir son nom... voilà une glace... vous n'avez qu'à mirer vos yeux dans vos propres yeux.

GRINGALET, avec exaltation.

Moi! moi!.. Ce serait moi!.. Et comment diable avez-vous fait pour me reconnaître?

DUCANTAL.

Le fils du baron portait une fraise sous le sein gauche.

GRINGALET.

Eh bien! après?..

DUCANTAL.

N'avez-vous pas également un signe sous le même sein?..

GRINGALET.

C'est un gigot.

DUCANTAL.

Un gigot... très petit qui a plutôt l'air d'une côtelette... et en l'examinant bien, quelqu'un qui a la vue basse... quelque chose de rouge... ça peut jouer la fraise...

GRINGALET.

Vous croyez?

DUCANTAL.

Je le crois d'autant plus que votre père est millionnaire...

GRINGALET.

Millionnaire!.. Le gigot est une fraise!..

DUCANTAL.

Allons donc!.. Nous avons bien de la peine...

GRINGALET.

Où est mon père?.. je veux voir mon père...

DUCANTAL.

J'espère que M. le Chevalier ne sera pas ingrat...

GRINGALET.

On verra... on verra... Mais mon père... qu'on me livre mon père!..

DUCANTAL.

Il va venir... Mais je dois vous prévenir d'une chose... Quoique cette ruine humaine...

GRINGALET, avec dignité.

Ducantal, c'est l'auteur de mes jours!..

DUCANTAL.

Quoique cette vénérable patraque n'ait pas inventé la pâte de Regnaud...

GRINGALET.

Tout le monde ne pouvait pas l'inventer.

DUCANTAL.

On vient!.. C'est lui, sans doute... De la sensibilité!.. de l'élan!..

GRINGALET.

Je ne demande qu'à m'élancer... Où sont ses bras, que je m'y jette?..

SCÈNE III.

JULIEN, GRINGALET, DUCANTAL.

(Julien ouvre la porte à deux battans.)

GRINGALET, voyant sa riche livrée, galonnée en argent.

Un vieux couvert d'argent, ça doit être lui. (Il court vers lui, en tendant les bras.) Mon père, embrassons nous!..

DUCANTAL.

Qu'est-ce que vous faites donc?

GRINGALET, embrassant Julien.

Je cède à la voix de la nature... Mon père... voilà le gig... (Se reprenant.) voilà la fraise...

DUCANTAL.

Mais, c'est un domestique!..

GRINGALET, le repoussant.

Animal!.. Il se laissait faire!

JULIEN.

Je venais vous annoncer M. le baron de Saint-Amour... (A part.) Quel vilain fils nous avons là!..

(Il sort au moment où le baron entre.)

SCÈNE IV.

LE BARON DE SAINT-AMOUR, GRINGALET, DUCANTAL.

LE BARON.

Où est-il? où est-il?..

GRINGALET, à Ducantal.

Est-ce bien celui-là?

DUCANTAL.

Oui... Allez donc!..

GRINGALET.

C'est que j'ai peur de faire encore une boulette...

DUCANTAL, au baron.

Il est devant vos yeux, M. le Baron.

GRINGALET.

O mon père clandestin! je vous presse sur mon cœur!..

(Il l'embrasse.)

LE BARON.

Il m'étouffe!..

(Il tousse.)

DUCANTAL.

C'est l'explosion de la tendresse... (Bas, à Gringalet.) Pleurez donc un peu!..

GRINGALET.

Il faut pleurer?.. (Il beugle.) Oh! oh! oh!

LE BARON.

Il paraît fort sensible.

DUCANTAL.

Il l'est... N'est-ce pas, Oscar?

GRINGALET.

Je le crois sacredié bien!.. Je pleure quand on égorge un canard, mon père... (A Ducantal.) Est-ce bien?

DUCANTAL, bas.

Du tout... c'est une bêtise!..

LE BARON.

Duflouage, mon fils est fort bel homme.... Trouvez-vous qu'il me ressemble?

DUCANTAL.

C'est votre jolie tête!..

LE BARON.

Je crois plutôt qu'il ressemble à sa mère.

GRINGALET.

Elle devait être bien belle femme!..

LE BARON.

Ecartons des souvenirs qui me rappelleraient ma faute... Mais, je la répare... J'en avais besoin.

GRINGALET.

Oui, vous avez besoin de réparation.

LE BARON, passant au milieu.

Duflouage, vous avez vu le signe?

GRINGALET.

Faut-il le montrer?.. Voilà le gig... la fraise...

LE BARON.

Je n'ai pas mes lunettes.

GRINGALET, à part.

Il est aveugle... Bon!..

LE BARON.

Reste auprès de moi, Oscar, et parle haut... Je suis un peu dur d'oreille.

GRINGALET, à part.

Il est sourd comme un pot... Bon!..

LE BARON.

Je veux te questionner sur tes antécédens...

DUCANTAL, à Gringalet.

Méfiez-vous!..

GRINGALET, criant à l'oreille du baron.

Des antécédens, mon père, je n'en ai jamais eu... Fi! un jeune homme bien élevé ne se permet pas d'avoir des anté...

DUCANTAL, à Gringalet.

Taisez-vous donc!..

LE BARON.

Je ne saisis pas bien... Voyons... qu'avez-vous fait jusqu'à présent?..

GRINGALET.

Des tours...

LE BARON, surpris.

Hein?..

DUCANTAL.

Quelques tours de jeunesse.

LE BARON.

J'entends... Et avez-vous occupé quelques places?..

GRINGALET.

De grandes places... des places publiques... La place du Louvre...

DUCANTAL, l'interrompant vivement.

Au Louvre... une place au Louvre...

GRINGALET.

La place Beauvau... la place Maubert... et autres encore... Je ne vous parlerai pas des couleuvres que j'ai avalées!..

LE BARON.

Des couleuvres!..

DUCANTAL.

Il veut parler des malheurs qu'il a éprouvés.

LE BARON.

Tu ne manqueras plus de rien, ô mon petit Fanfan!.. Et comme je me suis plu à mettre à la porte un neveu qui m'ennuyait, c'est toi qui le remplaceras.

GRINGALET.

J'accepte.

LE BARON.

Je te donne sa future aussi.

GRINGALET.

J'accepte encore.

LE BARON.

C'est la charmante Rosamonde, fille de M. Maigret.

GRINGALET.

Attendez donc... M. Maigret... un petit maigre...

DUCANTAL, bas.

Prenez garde !..

LE BARON.

Oui, M. Maigret, anciennement maire de Meaux.

GRINGALET.

Ah ! ce petit maire... Il me semble encore l'entendre... (Imitant sa voix.) Très bien !.. très bien !..

LE BARON.

Vous le connaissez, mon fils?

GRINGALET, à qui Ducantal fait des signes.

Je l'ai vu dans le monde.

LE BARON.

Parlons de votre mère.

GRINGALET.

De Meaux?

LE BARON.

Non. De celle qui vous a donné le jour... De mon Aspasie !.. J'ai fait faire son portrait, qui ne m'a jamais quitté, ce qui fait que j'y pense toutes les fois que je prends une prise, sur une boîte d'or ornée de brillans. (Il la tire de sa poche.) En usez-vous ?.

GRINGALET, prenant une prise.

Je tâcherai de m'y habituer.

LA BARON.

En la voyant si jeune et si jolie après vingt-six ans, croiriez-vous que cette mère est à vous?

GRINGALET, prenant la boîte.

Elle doit être à moi.

(Il la met dans sa poche.)

LE BARON.

Rendez-moi donc ma boîte.

GRINGALET.

Je ne puis m'en séparer.

(Il pleure comiquement.)

LE BARON, à Ducantal.

Il a décidément très bon cœur. (A Gringalet.) Ah ! ça, mon ami, j'y pense, il te faut un peu d'argent de poche...

GRINGALET.

C'est toujours là que je le mettais, quand j'en avais.

LE BARON.

Cette bourse de vingt-cinq louis te suffit-elle ?

(Il la lui donne.)

GRINGALET, stupéfait, et criant.

Vingt-cinq louis !

LE BARON.

Ne crie pas... Si elle ne te suffit pas, je la renouvellerai.

GRINGALET, l'embrassant.

O pépère !.. (Bas à Ducantal.) Vous m'avez trouvé là un bien bon vieux.

LE BARON.

Mais, à propos, tu ne me dis pas si tu as faim...

GRINGALET.

J'allais vous le dire.

LE BARON.

Comme l'heure du déjeuner est passée, on va te faire servir à dîner.

GRINGALET.

C'est ça, un petit dîner soupatoire...

DUCANTAL, bas.

Mais prenez donc garde...

GRINGALET.

Ça me convient d'autant plus que, depuis ce matin, je n'ai rien pris... (A part.) excepté sa tabatière...

LE BARON, avec sentiment.

C'est tout Aspasie !

SCÈNE V.

Les Mêmes, JULIEN.

JULIEN, s'approchant du baron.

Monsieur le Baron, M. Maigret vient d'arriver de sa maison de Bagnolet... Il attend au salon...

LE BARON.

Je vais le recevoir... Le petit curieux !.. il brûle de voir le prétendu de sa fille.

GRINGALET.

Soyez sûr, ô mon père ! que votre Roscar ne brûle pas moins... Permettez-moi de vous offrir un des bras que je vous dois.

LE BARON, riant.

Il oublie qu'il est en robe de chambre...

DUCANTAL.

C'est la joie... le bonheur... le délire.

LE BARON.

Pauvre chérubin... (Il lui prend la tête.) Venez-vous, Duflouage ?.. Au revoir, Oscar, au revoir, fils chéri ! O Aspasie ! quel souvenir !.. Au revoir, fils de l'amour !

GRINGALET.

Au revoir, ô mon père. (A part, pendant que le baron sort avec Julien et Duflouage.) Qué bon vieux ! qué bon vieux !

SCÈNE VI.

GRINGALET, seul.

(Il passe sa main sur ses yeux, regarde autour de lui, et arrive brusquement sur le trou du souffleur, en s'adressant au public.)

Avez-vous rêvé des fois, en vous disant tout endormis : « *Je rêve, c'est sûr, ça ne se peut pas* !.. Eh bien ! c'est juste ma position dans cet établissement... Il paraît que c'est vrai ; je me nomme Roscar, je suis chevalier, né de Saint-Amour... je suis fils de famille... Cependant, si j'étais un faux enfant naturel ! Allons donc, allons donc !.. On m'a trouvé un père, je l'adopte ; une future, je l'épouse ; une bonne table, je m'en liche les barbes... Justement, voilà le festin demandé.

SCÈNE VII.

GRINGALET, JULIEN, entrant par la droite et apportant un plateau qu'il pose sur la table, et sur lequel il y a une théière, une petite tartine, une flûte et une mauviette.

JULIEN.

Monsieur le Chevalier est servi.

GRINGALET, s'asseyant devant la table, le dos tourné à la cheminée.

Très bien, mon laquais.

JULIEN, à part.

Son laquais! Gamin! (Haut.) Le maître d'hôtel a pensé que M. le Chevalier aimait les mauviettes.

GRINGALET.

Sortez, mon laquais. Je n'aime pas qu'on me regarde quand je prends ma nourriture.

JULIEN, à part.

On regarde bien manger les bêtes du Jardin-des-Plantes.

GRINGALET.

Hein?

JULIEN.

Plaît-il? Monsieur.

GRINGALET.

Qu'est-ce que vous disiez là?

JULIEL.

Ah! je disais : Arrive qui plante.

GRINGALET.

C'est bien... Allons, sortez!

JULIEN, à part.

Il me fait perdre la tête. J'ai oublié de lui apporter une tasse... Ma foi, s'il en veut une, il appellera...

GRINGALET.

Sortez donc, domestique mâle.

JULIEN.

Je sors, Monsieur. (A part.) Quel vilain fils nous avons là.

(Il sort.)

SCÈNE VIII.

GRINGALET, seul.

Quel vilain domestique!.. Qu'est-ce qu'il m'a apporté là? Oh! c'te p'tite tartine! et une flûte. Eh ben? où est donc le vin? (Regardant la théière.) Ah! peut-être là dedans... Il paraît que c'est la mode, dans le grand monde. (Il boit par le goulot de la théière.) Ah! c'est de l'eau chaude... J'aurais préféré une bouteille à quinze. Heureusement que v'là un oiseau; oh! qu'il est exigu. C'est ça qu'ils appellent des mauviettes. (Il la croque d'une bouchée.) C'est un pierrot mort de chagrin. J'aurais mieux aimé des plates-côtes... Rattrapons-nous sur la tartine (Il l'avale d'une bouchée.) A présent, jouons de la flûte. (Il la croque et regarde la table.) Eh ben! v'là tout? Mazette! il n'y a pas gras... Ah ça! et boire! et boire! et boire!

(Julien entre, portant sur une assiette un bol et un rince-bouche.)

SCÈNE IX.

GRINGALET, JULIEN.

GRINGALET.

Voilà, sans doute, des liqueurs des iles. (Il avale ce que contient le rince-bouche.) Pouah! que c'est amer!

JULIEN.

Mais, Monsieur, ça ne se boit pas.

GRINGALET.

Il me dit ça quand j'ai bu!

JULIEN.

Monsieur ne sait donc pas... que c'est pour les personnes qui ont l'habitude de se laver les mains.

GRINGALET.

Je sais que vous m'insupportez fort; et je vous prie de vous mettre à la porte.

JULIEN.

J'espère que Monsieur le Chevalier a bien déjeuné. (A part.) Quel vilain fils nous avons là.

(Il emporte le plateau et sort en ricanant.)

SCÈNE X.

GRINGALET, seul.

J'entends ce vieux couvert d'argent contrôler toutes mes actions... à quel titre? Il raisonne comme une huître. Il aurait bien mieux fait de m'en apporter une douzaine... Après tout, ces considérations politiques sont d'un poids bien minime dans la balance des choses humaines, et quoiqu'il prétende que j'ai bien déjeuné, je n'en suis pas moins un heureux coquin. Me voilà sur le chemin de fer de la fortune... Huit lieues à l'heure... et quant à ceux qui se trouveront sur mon rail, chaud, chaud, gare, que je passe, ou je vous écrase!.. O Sosthène, ô Atala, ô Zéphirine, je vous aime bien certainement, mais, parole d'homme enrichi, si vous vous obstinez à me fréquenter, je vous envoie très loin... et plus loin encore.

SCÈNE XI.

SOSTHÈNE, ZÉPHIRINE, GRINGALET, ATALA.

ATALA, entr'ouvrant la porte de droite, et paraissant la première.

Peut-on entrer?

GRINGALET.

Ciel! la femme sauvage!

SOSTHÈNE, qui est entré avec Zéphirine, caché derrière Atala.

Accompagnée de plusieurs autres.

GRINGALET.

Ah!

ATALA, regardant autour d'elle.

Magot!.. c'est calé, ici!

ZÉPHIRINE.

C'est cossu.

SOSTHÈNE.

C'est fadard!

GRINGALET, à part.

Si on les voit, je suis flambé.

(Il va fermer les verroux des deux portes.)

ATALA.

Comment! tu nous verrouilles?

GRINGALET.

Oui, oui... j'ai tant de plaisir à vous voir, je veux être seul avec vous. Mais comment donc avez-vous fait pour découvrir mon domicile?

ATALA.

On te dira ça; à la force du jarret... Ils ne voulaient pas nous laisser monter, les paltoquets! Mais un vieux serviteur, séduit par mes œillades, a consenti à la chose...

SOSTHÈNE, regardant Gringalet.

Ah! regardez donc ce costume.

ZÉPHIRINE.

Il est habillé en Turc.

ATALA.

Est-ce que tu vas au bal Musard?

GRINGALET.

C'est mon déshabillé du matin.

SOSTHÈNE.

Excusez. Comment donc es-tu le soir?

GRINGALET.

Je ne sais pas encore; j'attends mon tailleur.

ATALA, regardant autour d'elle.

Mazette! pus que ça de mobilier!

SOSTHÈNE.

Tu as donc dévalisé un malle-poste?

GRINGALET.

Ma probité me le défendait. Devinez ce que j'ai trouvé?

ZÉPHIRINE.

Un héritage?

ATALA.

Ou une succession?

SOSTHÈNE.

Ou un portefeuille?

GRINGALET.

Non; un vieux bonhomme...

ATALA.

C'est donc le bonhomme Crésus!

GRINGALET.

Il m'est survenu un père.

SOSTHÈNE.

Et une mère?

GRINGALET.

Non, il est veuve.

ATALA.

Dieu! s'il voulait m'épouser, j'aurais beaucoup de plaisir à être ta belle-mère.

ZÉPHIRINE.

Et moi, si je n'avais pas épousé cet imbécille de Sosthène, je t'épouserais bien.

(Elle veut l'embrasser; Sostène l'éloigne.)

GRINGALET.

Ça ne se pourrait pas. J'en ai une en vue, une fille charmante dont le père a été maire.

ATALA.

A-t-il du bonheur, ce grand bête-là!

GRINGALET.

Ah ça! mes enfans, comptez-vous bientôt vous en aller?

SOSTHÈNE.

Nous en aller?..

ZÉPHIRINE.

Nous ne sommes pas pressés...

(Elle s'assied sur la causeuse.)

ATALA, s'asseyant sur le fauteuil, près de la table.

Est-ce que tu n'es pas convenu de tout partager?

GRINGALET.

Prenez garde de salir mes fauteuils.

ZÉPHIRINE, s'étalant sur la causeuse.

Tiens! comme on enfonce là-dedans!

GRINGALET, à Atala.

Tu vas casser les élastiques.

ATALA.

Tu es riche, nous te nommons directeur de notre société.

GRINGALET.

Je renonce aux beaux-arts.

SOSTHÈNE.

Alors, tu vas nous prêter dequoi nous établir.

(Ils reviennent tous trois près de lui.)

GRINGALET.

Vous me forcez de vous l'offrir... (A part.) Il faut m'en débarrasser. (Haut.) Tenez, voilà mon argent de poche. (Il fouille dans la bourse.) Trois napoléons, chacun un, ça vous suffit-il?

ATALA.

Tu aurais peur d'en offrir deux, crasseux.

GRINGALET.

Trois fois deux font six, les voilà... Ah ça! mes enfans, vous vouliez me voir, vous m'avez vu... vous allez bientôt vous en aller, n'est-ce pas? (A Zéphirine, qui lui prend l'épingle qui est à sa cravate.) Eh bien! qu'est-ce que tu fais là?

ZÉPHIRINE.

C'est que j'ai perdu l'épingle de ma collerette!.. En voilà une avec une grosse tête rouge en cire à cacheter. Ça m'est égal.

GRINGALET.

En cire à cacheter? Ce sont des corails.

ZÉPHIRINE.

Ça m'est encore égal.

ATALA, qui a pris une bague au doigt de Gringalet.

Tiens, comme ça va à mon doigt... Ah! je ne peux plus la retirer.

GRINGALET.

Eh bien! garde-là, mais allez-vous-en!

LE BARON, en dehors, à la porte de gauche.

Mon fils, mon fils, pourquoi es-tu enfermé?

GRINGALET.

Voilà mon père!

ATALA.

Tu vas nous présenter.

LE BARON, en dehors.

Ouvre donc, mon Oscar!

SOSTHÈNE.

Tu t'appelles Noscar?

GRINGALET.

Oui, comme tout le monde!.. Mais allez-vous-en.

SOSTHÈNE.

Tu n'aurais pas un vieux chapeau neuf à me donner? Le mien s'ennuie beaucoup.

GRINGALET.

Plus tard. Mais allez-vous-en !..

DUCANTAL, en dehors, à droite.

M. le Chevalier !

LE BARON, en dehors, à gauche.

Mon fils !.. Oscar !

GRINGALET.

Mon Dieu !.. vous ne pouvez plus sortir... Cachez-vous jusqu'à ce qu'il soit parti.

ATALA.

Où ça ?

GRINGALET.

Quelque part, n'importe où.

LE BARON, en dehors.

Ouvre donc.

GRINGALET.

J'y vais, pépère chéri.

(Les trois saltimbanques se cachent, Atala sur le fauteuil où est le manteau, dont elle se couvre ; Zéphirine derrière les rideaux de la fenêtre, et Sosthène s'assied près de la table, la tête sous le tapis.)

ATALA, criant.

Fait ! ah ! fait !

(Gringalet ouvre la porte de gauche.)

SCÈNE XII.

LE BARON, GRINGALET.

(Julien apporte deux flambeaux d'argent allumés qu'il pose sur la cheminée, et sort.)

LE BARON.

Tu m'as fait attendre bien long-temps. Que faisais-tu donc ?

GRINGALET, embarrassé.

Je faisais... des réflexions... je lisais dans ma bilboquette.

LE BARON.

Ah ! tu aimes la lecture ? Bien... ça forme l'esprit... J'ai fort peu lu, moi.

GRINGALET.

Moi aussi. Ça orne la mémoire, mais ça fatigue les yeux.

LE BARON.

Je te croyais en société.

GRINGALET.

Moi ?.. Ah ! par exemple ! (Aux saltimbanques.) Cachez-vous donc !

LE BARON.

Oui, Julien m'avait dit que tu avais été demandé par trois personnages d'assez mauvaise mine.

ATALA, à part.

C'est nous.

GRINGALET.

Des gens de mauvaise mine ! (A Sosthène.) Cache donc ta figure. (Haut.) Ah ! mon père, pour qui me prenez-vous ? Est-ce que je connais des gens de peu ?

LE BARON.

Mais, alors, serait-ce des malfaiteurs ? Cette maison est isolée, on sait que je suis riche, et que, de plus, je suis très peureux.

GRINGALET.

Vous en avez le droit... Mais je suis brave, moi, je suis brave.

LE BARON.

Noble enfant ! je te crois... Mais n'oublions pas que ton beau-père nous attend au salon... Vois donc un peu si ton tailleur est arrivé.

GRINGALET, à part.

Le laisser seul ici ! Et les autres !.. (Haut.) Pépère, c'est que j'ai bien envie de dormir.

LE BARON.

Y penses-tu ? quand ton beau-père est là. Va, va, mon Oscar.

GRINGALET, embarrassé.

Au fait, c'est juste... je dois... ou plutôt je ne dois pas... (A part.) Pourvu qu'ils n'aillent pas faire quelque cascade !

(Il sort par la porte de gauche, après avoir fait à part quelques signes aux saltimbanques.)

SCÈNE XIII.

LE BARON, ATALA, SOSTHÈNE, ZÉPHIRINE, cachés.

LE BARON, s'asseyant dans la causeuse, près de la fenêtre.

Je ne suis pas sans inquiétude... Ces trois personnages mystérieux dont m'a parlé Julien... s'ils étaient cachés dans la maison. (Regardant du côté de la table.) Qu'ai-je vu ?.. des pieds ! (Sosthène, dont on voyait les pieds, les retire.) Que je suis simple !.. ce sont les pieds de la table. (Atala éternue très fort.) Une détonation ! (Il se retourne du côté de la fenêtre et voit la tête de Zéphirine, qui regarde entre les rideaux et se retire subitement.) J'ai vu une tête monstrueuse, une tête avec de la barbe.

ATALA, à mi-voix.

Mais cache-toi donc !

LE BARON.

J'ai entendu une basse-taille... Je ne suis pas seul. Au secours ! aux voleurs ! aux voleurs !

(Il se lève.)

LES TROIS SALTIMBANQUES.

Sauve qui peut !

(Ils s'enfuient en s'enveloppant, Sosthène, du tapis de la table ; Atala, du manteau ; Zéphirine, du rideau qu'elle arrache de la croisée.)

SOSTHÈNE.

Laissons-le dans l'obscurité.

(Il prend les flambeaux qui sont sur la cheminée et les emporte. Il rencontre Gringalet qui lui donne un coup de pied, et il se sauve, après les autres, par la porte de droite.)

LE BARON, fuyant çà et là.

Ce sont des fantômes ! Au secours !

SCÈNE XIV.

GRINGALET, LE BARON, DUCANTAL, JULIEN, DEUX DOMESTIQUES, portant des flambeaux et entrant par la porte de gauche.

(Gringalet saisit une épée dans le trophée, près de la cheminée. Le baron tombe sur la causeuse.)

LE BARON.

Je suis mort!

DUCANTAL et JULIEN.

Qu'y a-t-il?

GRINGALET.

Rien! rien!..

LE BARON.

Ils étaient trente!..

GRINGALET.

Ils étaient quarante!.. mais ils sont dispersés!

LE BARON, embrassant Julien, qui se trouve près de lui.

Viens, mon fils chéri... viens sur mon cœur.

JULIEN.

Mais ce n'est pas moi.

LE BARON, se jetant dans les bras de Gringalet.

Ah! mon fils! je te dois la vie.

GRINGALET, lui donnant une poignée de main.

Mon père, je vous la devais; nous sommes quitte à quitte.

CHŒUR GÉNÉRAL.

Air final du deuxième acte des Trois Bals.

Il faut qu'on les saisisse,
Il faut que l'on sévisse!
Bien vite, à la police
Déclarons
Ces larrons.

(Ils sortent.)

FIN DU DEUXIÈME ACTE.

ACTE III.

Un jardin. A droite et à gauche, des bosquets de charmille taillés en demi-cercle, et formant des berceaux. Au milieu, et au fond, une grille à travers laquelle on voit la campagne. Devant les bosquets, des bancs de jardin, et, sur le devant, des chaises.

SCÈNE I.

HENRI, arrivant du côté gauche.

La grille du parc de M. Maigret était fermée; mais, par bonheur, la petite porte du potager était ouverte. Me voici dans la place. Mon rival ou plutôt mon prétendu cousin serait-il arrivé? l'aurait-on déjà présenté à sa future?.. Non, j'aperçois au bout de l'avenue le ridicule trio. Nous serons quatre! Mais où me cacher? Ah! parbleu! dans la maison du jardinier. Ces hommes de la nature cultivent très volontiers les pièces de cent sous.

(Il disparait.)

SCÈNE II.

LE BARON, donnant le bras à DUCANTAL; GRINGALET, les suivant. Ils arrivent du fond à droite.

DUCANTAL.

Nous voilà donc arrivés à Bagnolet!

LE BARON.

Dans le délicieux ermitage de mon ami Maigret. Comment trouves-tu, mon Oscar, cette demeure champêtre?

GRINGALET, entre les deux.

Très pistorèque!.. Ça ressemble un peu au moulin de la Galette.

DUCANTAL, bas.

Taisez-vous donc.

GRINGALET.

Vous m'embêtez parfaitement. J'ai plus d'esprit que vous.

DUCANTAL.

Heureusement que l'autre est sourd.

LE BARON.

Ah! je vois paraître l'ex-fonctionnaire de Seine-et-Marne.

SCÈNE III.

MAIGRET, LE BARON, GRINGALET, DUCANTAL.

MAIGRET, à la cantonnade à gauche.

Très bien! très bien!

GRINGALET.

Je le reconnais à ses deux adverbes.

MAIGRET.

Bonjour, bonjour, Saint-Amour.

LE BARON, lui serrant les mains.

Cher ami, voilà mon enfant trouvé.

DUCANTAL.

Le chevalier Oscar.

LE BARON.

Air : Femmes, voulez-vous éprouver.

Je dois vous présenter mon fils.

GRINGALET.

Je dois vous présenter mon père.

DUCANTAL.

Voyez comme ils sont assortis.

LE BARON.

De moi, c'est un autre exemplaire.

GRINGALET, passant près de Maigret.

Ce que mon père vous dit là,
C' n'est pas un' farce, je vous jure.

MAIGRET, à part.

Dieu! quel vilain langage il a!

GRINGALET.

Ah! c'est la voix de la nature.

DUCANTAL, passant près de Maigret.

Ne faites pas attention à ses licences poétiques: il a quitté le collége fort jeune.

MAIGRET.

Très bien! très bien!

LE BARON.

N'allons-nous pas bientôt voir ma belle-fille future? Je désire que mon fils lui plaise comme à vous.

GRINGALET.

Je suis assez présomptueux pour en avoir l'idée.

MAIGRET.

Justement, la voici avec sa caméristé.

GRINGALET.

Caméristé. Ça veut dire camarade de pension.

SCÈNE IV.

ROSALIE, ROSAMONDE, MAIGRET, LE BARON, GRINGALET, DUCANTAL.

ENSEMBLE.

MAIGRET.

AIR: Déjà la danse.

Voyez, ma fille.
Elle est gentille;
De la famille
Elle a les traits.
A la figure,
A la tournure
On reconnait tous les
Maigrets.

ROSAMONDE.

Je suis sa fille,
Je suis gentille, etc.

ROSALIE.

Voilà sa fille, etc.

LE BARON et DUCANTAL.

Voyez sa fille, etc.

GRINGALET.

Voilà sa fille,
Qu'elle est gentille!
Que son œil brille,
Je m'y connais.
Cette figure,
Cette tournure
Ferait aimer tous les
Maigrets.

LE BARON.

Mon fils, saluez la fille de Monsieur, et baisez-lui la main.

GRINGALET, allant baiser la main de Maigret.

Beau-père, je me conforme à cet usage.

DUCANTAL.

Eh! non, la main de sa fille.

GRINGALET.

Oh! j'aime mieux ça. Il me dit: « Monsieur, et baisez-lui la main... »

MAIGRET.

Très bien! très bien! Ma fille, voilà ton mari.

ROSAMONDE, passant près de son père.

Mais, mon père, je ne l'aime pas, moi, ce Monsieur.

MAIGRET.

Tu ne l'aimes pas!.. Très bien! très bien!

SCENE V.

LES MÊMES, HENRI.

HENRI, paraissant au fond, et faisant des signes à Rosalie; il lui remet une lettre.

Cette lettre pour elle.

(Il se retire vivement; Rosalie glisse la lettre dans la poche du tablier de Rosamonde, sans que celle-ci s'en aperçoive.)

ROSALIE.

Dans la boîte aux lettres.

GRINGALET, à part, enlevant adroitement le billet.

Enlevé, c'est pesé.

LE BARON, bas, à Maigret.

Laissons nos amoureux ensemble.

MAIGRET.

Très bien, très bien. (A Rosamonde.) Mon enfant, je l'autorise à te faire sa cour... (Au baron.) Mon cher baron, je vous ménage une petite surprise pour ce soir.

LE BARON.

Je serai surpris. (A Ducantal.) Venez, mon cher Duflouage, nous aider à rédiger les articles.

DUCANTAL.

Je suis à vous. (A Gringalet.) Surtout, n'allez pas lui faire des coq-à-l'âne.

GRINGALET, haussant les épaules.

Vous en êtes un autre!

(Il reconduit le baron, Maigret et Ducantal, qui sortent par le fond; les deux femmes sortent par la première coulisse à gauche.)

SCÈNE VI.

GRINGALET, seul, revenant.

Allons, Mademoiselle, à nous deux. (Ne voyant plus personne.) Ah! ah! à moi seul, alors... Passons à d'autres exercices. Qu'est-ce qu'il peut y avoir dans ce poulet?.. une farce, peut-être... Heureusement, je sais lire, je sais même très bien lire. (Il ouvre le billet et lit.) « Chère Rosamonde, si vous me rendez l'amour que j'ai » pour vous, vous résisterez au veau... » Est-ce de moi qu'il parle ainsi? « aux volontés... » Ah! ah!.. « aux volontés de votre perroquet. » De son perroquet! c'est curieux... voyons donc... ah! non... « aux volontés de votre père, » un point. « Oh! qu'est devenu le temps où vous ju- »riez de naître... » C'était donc avant sa naissance?.. « de n'être qu'à moi!.. » Ah! bon! « Je vous attends près de la charmille, il y a »des choses sur... l'écuelle... » Non. « sur les- »quelles nous avons besoin de nous entendre. »Je suis votre fidèle amant. » Signé : « Henri »quatre. » Henri quatre... le roi de France et de Navarre?.. Non; il y a encore un point; c'est la date. « Signé : Henri. Quatre heures du soir... » Il lui donne un rendez-vous! Quel peut être ce jeune téméraire!.. j'en aperçois un, ce doit être lui... Jouons serré.

SCÈNE VII.

HENRI, GRINGALET.

HENRI.

Je ne la vois pas... (Voyant Gringalet.) C'est sans doute ça qui lui aura fait peur. (Haut.) Monsieur, je m'appelle Henri.

GRINGALET, à part.

C'est mon roi de Navarre... (Haut.) Moi, Monsieur, je m'appelle Grin... Oscar.

HENRI.

Je suis le neveu du baron de Saint-Amour.

GRINGALET.

J'en suis né. Alors, nous sommes cousins. Touchez là... nous pouvons mutuellement presser nos gants jaunes.

HENRI.

J'aime Mlle Maigret.

GRINGALET.

Parbleu! vous ne me l'apprenez pas. Je le sais.

HENRI, surpris.

Comment!

GRINGALET, à part.

Abusons-le! trompons-le et jouons-le. A moi la comédie d'intrigue.

HENRI.

Je pense, mon cher, que votre père et M. Maigret vous attendent...

GRINGALET, affectant un air de finesse.

Moi, je pense, mon très cher, que nous avons ici un petit rendez-vous, et que le bel Oscar nous interloque.

HENRI, s'animant.

Eh bien! quand cela serait... qu'auriez-vous à dire?

GRINGALET.

Je vous dirais, Monsieur et cher parent, que vous auriez tort de faire ici une faction...

HENRI.

Et pourquoi, s'il vous plaît?

GRINGALET.

Parce que... elle ne viendra pas vous relever.

HENRI.

Ah! vous croyez?

GRINGALET.

Dame! faut croire! savez-vous lire?

HENRI.

Et vous?

GRINGALET.

Un peu, mon cousin... Lisez... M. Henri! (Il lui remet la lettre.) Ah! ah! Monsieur n'en rit plus.

HENRI, surpris.

Ma lettre!

GRINGALET, avec fatuité.

Elle me l'a sacrifiée.

HENRI.

C'est impossible!

GRINGALET.

Ecoutez. Vous lui aviez plu; mais je lui ai plus plu.

HENRI.

Vous voudriez me faire croire...

GRINGALET.

Je vous le jure, foi de gentilhomme! sur mon blason!

SCÈNE VIII.

LES MÊMES, ROSALIE.

ROSALIE, à Henri.

Une lettre de Mademoiselle.

GRINGALET.

Encore la petite poste!

(Rosalie sort; Henri parcourt la lettre des yeux, et de temps en temps regarde Gringalet.

GRINGALET, à part.

Quels gros yeux il me fait!

HENRI.

Ecoutez donc ceci, Monsieur et cher parent. (Il lui lit tout haut la lettre.) « Vous m'aviez écrit. »Qu'est donc devenue votre lettre? Rosalie m'a »dit qu'elle l'avait mise dans la poche de mon »tablier. »

GRINGALET.

Elle se sera trompée, elle l'aura mise dans la mienne.

HENRI.

Vous êtes un effronté menteur. Elle me donne rendez-vous dans cet endroit. Vous allez vous en aller.

GRINGALET.

Du tout, je reste ici, je m'implante dans ce bosquet. Rien ne m'en fera déguerpir. (On voit paraître derrière la grille les trois saltimbanques.— A part.) Oh! les nomades!.. Sauvons-nous, et allons prévenir Ducantal.

(Il s'enfuit par la droite.)

HENRI.

Eh bien? Il dit qu'il veut rester et il se sauve. (Voyant les saltimbanques.) Qu'est-ce que c'est que ces gens-là?

SCÈNE IX.

HENRI, ATALA, SOSTHÈNE, ZÉPHIRINE.

(Trois musiciens, l'un en Turc, l'autre en livrée rouge, le troisième portant la grosse caisse. Atala s'est fait un châle du tapis de la table, Zéphirine porte de même le rideau de soie, et Sosthène, par dessus son habit de paillasse, a le manteau écossais. Les deux femmes sont habillées en saltimbanques.

LES TROIS SALTIMBANQUES, chantant derrière la grille.

AIR : Hermite, bon hermite.

Quand l'talent qu'on importe,
Implorant vot' budget,
D'mandant un' part peu forte,
Frappe à votre porte,
Le cordon s'il vous plaît!

HENRI.

Quelle musique enragée!

ATALA, à travers la grille.

Mon bon Monsieur...

HENRI.

On ne peut rien vous faire.

ATALA.

Est-ce que vous nous prenez pour des gueux? Nous sommes des troubadours.

SOSTHÈNE.

Connus pour leur adresse.

ZÉPHIRINE.

Et nous demandons celle d'un petit vieux qui répond au nom de Maigret.

HENRI, ouvrant.

Alors, donnez-vous la peine d'entrer.

(Ils entrent tous. Les trois musiciens portent les instrumens derrière les bosquets et disparaissent.)

ATALA.

Spectacle demandé, au bénéfice d'un père de famille rafalé.

ZÉPHIRINE.

C'est mon époux qui est le père de famille.

SOSTHÈNE.

Mon épouse n'a point d'enfans, mais elle peut en avoir.

HENRI, les examinant.

Dites donc! dites donc! Qu'est-ce que je vois là!.. Vous avez des costumes de ma connaissance.

SOSTHÈNE, se drapant.

Tout le monde peut connaître un manteau.

HENRI.

Et ce tapis que vous avez sur le dos?

ATALA.

C'est mon cachemire, hommage de l'ambassadeur de la Porte.

HENRI.

En parlant de porte, ce rideau était à ma fenêtre.

ZÉPHIRINE.

C'est pour ça que je l'ai croisé sur mon cœur.

HENRI.

Mais cependant...

ATALA.

Farce à part, n'incriminez pas notre probité: nous avons emprunté ces parures à un jeune homme de nos amis.

ZÉPHIRINE.

Ami de collége.

SOSTHÈNE.

Rue du Pas-de-la-Mule.

HENRI, surpris.

Ah! ah! et vous dites que ce jeune homme est de vos amis?

SOSTHÈNE.

Il le fut.

ZÉPHIRINE.

Il dut l'être toujours.

ATALA.

Mais il ne l'est plus, le grand truand.

SOSTHÈNE.

Il nous a mis à la porte de son Louvre.

ATALA.

A grands coups de colichemarde.

ZÉPHIRINE.

Sous l'astucieux prétexte qu'il est devenu fils de famille.

HENRI.

Eh! parbleu! c'est mon cousin.

ATALA.

Vous êtes le cousin de Gringalet?

HENRI.

Oui, c'est-à-dire, non; mais, je suis enchanté de vous voir.

ZÉPHIRINE, à part.

Il m'a regardée.

ATALA, à part.

Il m'a fait l'œil.

SOSTHÈNE.

Il serait affreux de rendre ces frusques!

HENRI.

Gardez tout; je vous en fais cadeau.

TOUS.

Vraiment!

ZÉPHIRINE, lui donnant la main.

Merci, jeune homme très généreux!

ATALA.

Cependant, voici deux bougies. (Elle les tire de son sac.) Nous les avions emportés par mégarde dans leurs flambeaux d'argent.

ZÉPHIRINE.

On vous les rend.

SOSTHÈNE.

Quant aux chandeliers...

ATALA, lui donnant un papier.

En voici la reconnaissance.

ZÉPHIRINE.

Elle sera éternelle.

HENRI, enchanté.

Ce drôle, qui est venu s'installer chez mon oncle! qui veut m'enlever celle que j'aime, c'était un saltimbanque!

ATALA.

Il avait cet honneur.

ZÉPHIRINE.

Il n'en était pas digne.

SOSTHÈNE.

A preuve qu'il va nous faire manquer notre belle représentation, dont le programme annonçait le fameux Gringalet.

HENRI.

Eh bien, mes chers artistes, sans le vouloir, vous m'avez rendu un grand service, et moi, je vais vous rendre Gringalet.

(Henri sort.)

SCÈNE X.

ATALA, SOSTHÈNE, ZÉPHIRINE.

ATALA.

Quel bonheur inespéré!

SOSTHÈNE.

Quel bonheur ines...

ZÉPHIRINE, lui mettant la main sur la bouche.

Ça été dit.

ATALA.

En voilà-t-il une de chance, d'avoir retrouvé ce reptile à sonnettes.

ZÉPHIRINE.

Avec ça qu'il était couché sur le programme monstre, que nous avons insinué à cet amateur de Meaux.

SOSTHÈNE.

Mais, il nous manque un objet conséquent : un second Auriol pour danser avec lui le pas des Antipodes.

ZÉPHIRINE.

Comment forcer Gringalet de développer ses talens?

SOSTHÈNE, remontant la scène.

Chut! j'entends bruire dans ces feuillages...

ATALA, regardant à droite.

C'est notre oiseau.

ZÉPHIRINE, regardant à gauche.

En voilà un autre!..

SOSTHÈNE, surpris.

Papa ici, aussi!

ZÉPHIRINE.

Dérobons-nous momentanément.

ATALA, montrant la charmille.

Ces charmes vont cacher les nôtres.

(Ils se cachent derrière la charmille.)

SCÈNE XI.

LES TROIS SALTIMBANQUES, cachés au fond et passant de temps en temps la tête à travers les bosquets; DUCANTAL, GRINGALET.

GRINGALET, regardant par la première coulisse à droite.

Les grotesques ont disparu.

DUCANTAL, de même, à gauche.

Je ne vois plus ces affreux virtuoses! (Ils entrent et se trouvent nez à nez.) C'est vous, ci-devant Gringalet?

GRINGALET.

Je vous cherchais, feu Ducantal.

DUCANTAL.

Pouvais-je m'attendre à la vexation de retrouver ici un fils que je ne voudrais pas avoir.

GRINGALET.

Pouvais-je m'attendre au plaisir humiliant de revoir ici ces Égyptiens!

SOSTHÈNE, à part.

Égyptiens!

ATALA, de même.

Est-ce qu'il me prend pour l'aiguille de Luxor!

DUCANTAL.

Mon fils va me reconnaître, et ils vont nous dénoncer.

GRINGALET.

C'est vrai : ça peut vous être désagréable... Moi, je m'en bats l'œil. Le cher cousin voulait me destituer auprès de mon cher père... mais les deux Mathusalem, dont l'un est fort sourd, et l'autre, fort bête, ont dédaigné son dire... donc, rien ne peut empêcher que je suis un fils de famille.

DUCANTAL.

Mais, moi, qui ne voudrais pas en être père.

GRINGALET.

Qué qu' ça me fait, vous?

DUCANTAL.

Ah! vil intrigant! vous le prenez sur ce ton-là!

GRINGALET.

Quoiqu'il en *soye*, ne suis-je pas le chevalier Roscar, né de Saint-Amour?

DUCANTAL.

Galopin! Vous l'êtes de ma fabrique... c'est moi qui vous ai inventé.

GRINGALET.

Bah!.. Eh bien! je m'en doutais... Mais... je répugnais à approfondir ce mystère.

SOSTHÈNE.

Oh!

ZÉPHIRINE.

Ah!

ATALA.

Bon!

TOUS TROIS.

Chut!

GRINGALET.

Eh bien! mon cher Duflouage, puisque nous sommes deux pas grand' chose, nous pouvons nous entendre.

TOUS TROIS, à part.

Écoutons.

DUCANTAL, lui donnant une poignée de main.

Chevalier...

GRINGALET.

Duflouage?

DUCANTAL.

Il faut nous débarrasser de ces nomades!

GRINGALET.

Comment faire pour nous en priver?

DUCANTAL.

On pourrait, sous un prétexte frivole, les insinuer dans la cave.

GRINGALET.

J'aimerais mieux les jeter dans le puits.

SOSTHÈNE, à part, s'approchant.

Gredin!

ZÉPHIRINE, à part, de même.

Goujat!

ATALA, à part, de même.

Vilain merle!

DUCANTAL.

Je crois qu'il serait plus légal de les calomnier auprès de la gendarmerie.

GRINGALET.

Oui, recommandons-les à ces fonctionnaires.

DUCANTAL.

Mon fils, comme vagabond.

GRINGALET.

Zéphi.ine et Atala, comme vagabonnes.

DUCANTAL.

C'est dit... Ne flânons pas.

GRINGALET.

Ayons le courage d'aller les livrer lâchement à cette institution philanthropique.

(Ils vont pour sortir et se trouvent arrêtés par les autres personnages.)

ZÉPHIRINE et ATALA, faisant la révérence.

Excusez, Chevalier.

SOSTHÈNE.

Bonjour, papa!

GRINGALET et DUCANTAL.

Nous sommes pincés!

ENSEMBLE.

AIR :

J'en deviendrai fossile!
Nous sommes ruinés!
Ah! grand Dieu! quelle tuile
Me tombe sur le nez!

LES TROIS AUTRES.

Comme Cassandre et Gille,
Les voilà dindonnés!
Une charmante tuile
Leur tombe sur le nez!

GRINGALET, d'un air dégagé, leur serrant la main.

Ça va-t-il bien, depuis hier?

ATALA.

Filou!

SOSTHÈNE, à Ducantal.

Père marâtre!

ZÉPHIRINE, avec sentiment.

Vilain beau-père!

DUCANTAL, fièrement.

Je suis prêt à rendre mes comptes de tutelle. Mois de nourrice, entretien, éducation, vous me redevez huit francs.

GRINGALET.

O Atala! tu sais que je t'aimai... Pardonne-moi et emmène-les!

ATALA, passant au milieu, entre Ducantal et Gringalet.

Mauvaise couleur! Je m'empare du dialogue. Écoutez-moi et ne répondez pas. Le charmant Gringalet est annoncé sur notre programme, il faut qu'il paraisse avec tous ses avantages. De plus, nous avons de *bésoin* d'un Auriol, et pour cet être parfaitement désossé, nous avons jeté les yeux sur la boule ingrate du sieur Ducantal.

DUCANTAL.

Je proteste!

GRINGALET.

Je m'y oppose!

ATALA.

Pour lors, je vais tout bonnement divulguer à ces vieux lions sans crinières, que vous êtes deux faux.

GRINGALET.

Mais!..

DUCANTAL.

Mais!..

ATALA.

Mets-toi bien dans la tête que vous ne nous échapperez pas. J'entends du bruit à la cantonnade... On vient... C'est la *socilìété*. Il s'agit de parler français... Répondez... oui z'ou non.

GRINGALET.

Eh bien! oui! (Bas, à Ducantal.) J'ai un tour dans mon sac. (Haut.) Je consens.

DUCANTAL.

Nous consentons.

ZÉPHIRINE.

Voilà les épiciers... Valsons!

(Ils emmènent Gringalet et Ducantal, et disparaissent en valsant par la première coulisse à droite.)

SCÈNE XII.

LE BARON, MAIGRET, ROSAMONDE, ROSALIE et TOUTE LA SOCIÉTÉ, arrivant du fond.

CHŒUR.

AIR : Valse de Giselle.

Pour le spectacle, allons, prenez vos / prenons nos places,
C'est un beau jour qui luit pour Bagnolet;
Ces baladins vont déployer leurs graces,
Et nous verrons le fameux Gringalet.

MAIGRET.

Prenez place, pour la grande surprise dont je vous ai prévenus.

LE BARON.

Je ne vois pas mon fils.

ROSAMONDE.

Tant mieux.

LE BARON, qui n'a pas entendu.

Vous êtes fort aimable.

MAIGRET.

Il est sans doute avec Dufflouage, qui goûte le punch... il s'en acquitte très bien, très bien.

LE BARON.

Silence, je vois la musique.

(Tout le monde se place sur les bancs. Le baron, Maigret et Rosamonde sur des chaises, au premier plan à gauche; Henri se tient derrière Rosalie et lui fait des signes. Les musiciens se placent au fond et jouent l'ouverture avec un violon, une clarinette et une grosse caisse. AIR des *Saltimbanques*.)

SCÈNE XIII.

LES MÊMES, ATALA, paraissant et faisant les trois saluts. Elle a son costume de saltimbanque.

Messieurs z-et dames, vous allez voir ce que vous allez voir... Vous allez me dire : Mais femme vraiment étonnante, qu'est-ce que tu vas nous montrer? Un serpent marin, une *éclisse* de lune, un ver solitaire ou un éléphant dans un bocal, avec de l'esprit-de-vin? Vous ne l'avez pas, l'esprit *devin*, car vous ne devinez pas!.. Non, ce n'est pas des monstres empaillés, c'est des artistes vivans, ayant toutes leurs dens, et qui vont travailler des pieds et des mains comme des personnes naturelles... Celui qui va commencer c'est celui qui va paraître le premier; il exécutera la danse des œufs, qui consiste à en mettre par terre une douzaine, et à danser avec une échelle au milieu *d'eux*, sans faire la moindre omelette. Apportez l'échelle. Allez, la musique!..

(Sosthène, en paillasse, place des œufs par terre, en imitant le cri de la poule qui pond; puis, il prend une petite échelle, et monté sur le premier échelon, saute au milieu des œufs, pendant que l'orchestre exécute l'air de la CAMARGO.)

SOSTHÈNE, après la danse des œufs.

Ceci n'est qu'un simple jeu de la nature, une bagatelle qui ne mérite pas l'attention des connaisseurs... Messieurs, après dix-huit mois d'exercice sur le second échelon, je suis parvenu... (Il essaie de se tenir sur le second échelon.) je suis parvenu... à ne pas pouvoir m'y tenir.

ATALA.

Comment fais-tu, paillasse, pour ne pas casser ces innocentes coquilles?

SOSTHÈNE.

Comme il faut s'en servir toute la semaine, afin de les manger le dimanche, on les a fait cuire, pour que *les œufs durent*.

(Atala sort.)

MAIGRET.

Très bien!.. très bien!..

SOSTHÈNE.

Maintenant, vous allez voir l'incomparable Zéphirine, qui va exécuter le pas des drapeaux. Paraissez, charmante Zéphirine!.. développez vos... drapeaux...

(On entend une fanfare. Zéphirine paraît, et exécute le pas des drapeaux sur l'air de l'ouverture de LODOÏSKA, puis, elle salue le public et se retire.)

SOSTHÈNE.

Maintenant, vous allez voir la célèbre Lyonnaise, qui va faire un assaut, comme le premier maître d'armes de la capitale. Paraissez, belle Lyonnaise!.. développez vos talens!..

(Fanfare.)

ATALA, entrant. Elle a un cœur rouge sur son corset, un casque en tête, et des fleurets à la main.

Y aurait-il quelqu'un dans l'aimable société qui désirerait pousser une botte avec moi?

LE BARON, se levant.

Hé! de mon temps, j'étais une fine lame!.. En 87, j'ai manqué de toucher Saint-Georges.

ATALA.

Monsieur, voudriez-vous me faire le même honneur?

LE BARON.

Je ne plaisante pas, Madame... Dans Royal-Cravate, nous ne remettions jamais une affaire au lendemain... le soir même... sous un réverbère... Ah! ah! Une, deux!

ATALA.

Monsieur était donc artificier?

LE BARON.

Je ne comprends pas.

ATALA.

Puisque vous tiriez *l'épée-tard*...

(On rit. Le baron et Atala se placent, et font le salut.)

LE BARON.

Ah ça! mais... et des masques?

ATALA.

Je ne m'en sers jamais... C'est bon pour les maîtres d'armes de la capitale.

(Assaut. Le baron est touché et désarmé.)

LE BARON.

Ah! je ne suis plus de force... pas même avec les dames... Ce n'est pas comme du temps de Royal-Cravate!..

ATALA, au public.

De plus fort en plus fort!.. La danse des Antipodes... C'est ici que l'on va voir ce que l'on n'a jamais vu... Une jeune dame qui va danser sur les mains, la tête en bas et les jambes en l'air... mais avec les précautions qu'exige la décence... Ce pas de deux sera exécuté par la célèbre Ducantala, jadis Vénus hottentote, et le fameux Gringalet. Voici la manière de ne point user la semelle de ses souliers... Allez, la musique...

(AIR de *la Marche des vendangeurs* dans *Giselle*. Ducantal et Gringalet paraissent. Ils sont habillés à l'envers: ils ont des bottes aux mains, des gants aux pieds, et une fausse tête attachée entre les jambes; de sorte qu'ils ont l'air de danser sur les mains. A la fin de la danse, le haut du costume se détache, de sorte que leur véritable figure paraît. Gringalet s'enfuit; Ducantal veut le suivre, mais il est arrêté par la société, qui le retient, ainsi que les saltimbanques.)

TOUS, se levant avec surprise.

AIR: Ciel! c'est Blondel.

C'est Gringalet!
Qu'il est laid!
Quoi? c'est Gringalet?..

LE BARON.

C'est Gringalet!
Quoi? mon fils l'est...
Mon fils est
Gringalet!
Quoi! c'est Gringalet!..

HENRI, s'approchant.

Oui, mon cher oncle... oui, M. Maigret... c'est là l'homme que vous vouliez donner pour époux à ma chère Rosamonde!..

LE BARON, furieux.

C'était donc vrai!.. Je le chasse de ma vénérable présence!..

MAIGRET.

Très bien! très bien!

(Il unit les deux amans, qui se trouvent près de lui.)

LE BARON, à Ducantal.

Et vous, à votre âge!.. n'avez-vous pas de honte de danser sur les mains!.. Vous n'aurez pas un sou!..

DUCANTAL.

C'est la faute de Gringalet.

GRINGALET, qui s'est débarrassé de son costume, et qui revient avec le même qu'il portait dans la pièce des *Saltimbanques*.

Laissez donc tranquille... On vous a trouvé un état... Vous étiez banquier, je vous reçois banquiste!.. Voilà l'accolade... Sans rancune, papa Saint-Amour!.. Quant à vous, mes enfans, j'ai de l'argent en poche... je me mets votre directeur, à cinq quarts de part.

ATALA.

A nous les ustensiles, et en route, jolie troupe!.. (Ils prennent leurs instrumens.)

CHOEUR.

Air de la Dame blanche.

Partons, partons,
Saltimbanques nomades, etc.

(Zéphirine et Atala arrêtent Gringalet.)

Air : Vaudeville de Voltaire chez Ninon.

ZÉPHIRINE.

Aux leçons qu' donnait Bilboquet,
Gringalet, il n' faut pas qu' tu manques.

ATALA.

Moins un', lui-même il le disait :
Il connaissait toutes les banques.

GRINGALET, au public.

Messieurs, Mesdam's, écoutez-les,
Ça dépendra d' votre indulgence :
Prenez chez nous beaucoup d' billets,
Je connaîtrai la Banqu' de France !

TOUS.

Nous connaîtrons la Banqu' de France !

(Ils se mettent en marche, et défilent. Gringalet, par habitude, s'est chargé de la grosse caisse.)

REPRISE DU CHOEUR.

Partons, partons,
Saltimbanque nomades,
Recommençons nos cascades ;
Gais baladins, joyeux bouffons,
Sur la place, reparaissons.

LES AUTRES.

Partez, partez,
Saltimbanques nomades,
Recommencez vos cascades ;
Gais baladins, joyeux bouffons,
A vos jeux nous applaudirons.

(Le rideau baisse.)

FIN.

NOTA. Les personnages sont indiqués en tête de chaque scène comme il doivent être placés au théâtre, le premier à gauche du public.

Imp. de Mme DE LACOMBE, r. d'Enghien, 12.

www.ingramcontent.com/pod-product-compliance
Lightning Source LLC
LaVergne TN
LVHW010014230826
846092LV00002B/805